Liebestestament

Lyrik

Harald Birgfeld

Harald Birgfeld, geb. in Rostock, lebt seit 2001 in 79423 Heitersheim. Von Hause aus Dipl.-Ingenieur, befasst er sich seit 1980 mit Lyrik. In mindestens 27 Anthologien ist er vertreten. Alle derzeitigen Veröffentlichungen im Anhang. Harald Birgfeld schrieb seine Gedichte überwiegend während der Fahrten in der Hamburger S-Bahn zur und von der Arbeit, inzwischen mehr als 12.000 Strophen.

Der vorliegende Gedichtband spannt in 37 Liebesgedichten den Bogen von Freundlichkeit und Harmonie und Liebe und Verständnis z.B. in „Naturgetränke aller Art", bis zu Lust auf Eigenglück wie in „Liebestestament".

Aus dem Gutachten, 1986, einer an der Universität Freiburg tätigen Literaturwissenschaftlerin:
"Es lohnt sich, einmal einen heutigen Dichter kennen zu lernen, der mit der deutschen Sprache einen faszinierend fremden Weg betritt und trotzdem dem Leser Freiraum lässt für eigene Gedankengänge, ohne dass die Probleme in erhobener Zeigefingermanier zu zeitkritischen Trampelpfaden werden."

Buchumschlag: Harald Birgfeld

Herausgeber, Autor, Redakteur: Harald Birgfeld.
e-mail: Harald.Birgfeld@t-online.de
Im Internet unter : www.Harald-Birgfeld.de
Buchumschlag: Harald Birgfeld

Herstellung und Verlag:
BoD - Books on Demand, Norderstedt
ISBN 9783738645101

Inhaltsverzeichnis .... Seite

Endstation der langen Suche

Mein Leben war bisher das
Atmen eines Leidenlosen und zugleich des
Unermüdlich Suchenden.
In meiner Stadtbahn hielt ich immer wieder
Ausschau nach vielleicht der Einen,
Vorsichtig und unaufdringlich,
Doch mir galt kein Blick zurück.
Dann eines Tages endlich spürte ich im
Tunnel Augen auf mir ruhn
Und blickte ins Gesicht der Frau,
Die ich noch nie gesehen hatte,
Deren Anblick mir jedoch sofort vertraut
Und Endstation der langen Suche war.
Ich wusste immer schon, dass wir uns
Unverhofft begegnen würden.
Sie war lautlos, fast nicht mehr
Vorhanden als sie hauchte:
„Tut mir leid".
Ich war mit meinem Mund nah an ihr
Ohr gekommen:
„Tut mir leid und was"?
„Das mich 'was zwang dich anzusehen".
Dabei senkte sie den Blick.

Es kam ein Halt, in dem ich
Platz für andere machen musste,
Sah sie für Sekunden nicht.
Dann war sie fort.

Die Fahrzeugbremse war für andere Not gedacht.

Ich traf sie niemals wieder.

Du warst nur blind

Ich fasste Mut und sprach sie an
Und kam auch gleich auf uns:
„Wir gingen damals auseinander,
Konnten trotzdem miteinander reden,
Das war viel".
Sie war sehr schnell:
„Daran erinner ich mich nicht.
Wir haben uns danach nicht mehr getroffen".
Ich erneut:
„Das mag gewesen sein.
Ich traf bei dir jedoch auf unverhofftes Glück.
Wir hatten uns gesucht und
Stimmten überein und waren uns in vielem gleich.
Ich hätte dich nie missen wollen.
Doch ich war wie du gebunden,
Und ich gab deshalb nicht nach".
Sie sagte sanft:
„Du hattest die Gelegenheit bei mir,
Die hast du nicht genutzt".
Mir fiel jetzt vieles wieder ein:
„Du legtest damals deinen Kopf in meinen Schoß.
Das war Beweis der größten
Liebe einer Frau zu mir in meinem Leben.
Ich verleugnete vor mir mein
Eignes Leben und gestand
Dir einmal meine Liebe ein, nur einmal,
Mehr erlaubte ich mir nicht.
Das weißt du doch genau.
Nein, nein ich will mich nicht beklagen".
Sie darauf:
„Das hast du nie getan,
Du warst nur blind mir gegenüber.
Ja, ich wollte dich erschießen,
Mit der Waffe meines Vaters".
Ich war traurig als ich sagte:
„Schließlich wolltest du ein Kind von mir,
Das konnte ich nicht wagen".
Sie fast wie erschöpft:

„Heut bin ich innerlich ergraut
Und ausgetrocknet".
Da tat weh.
Ich wagte nicht sie in den
Arm zu nehmen, sagte aber:
„Du siehst freier aus als je,
Bist voll erblüht".
Sie strafte mich gleich Lügen:
„Du alleine hättest eine
Frau aus mir gemacht".
Dann stand sie auf und ging
Und sah nicht mehr zurück.

Eine süße Frucht

Mit Engelshaar bezogen, gleich der
Haut des Pfirsichs,
Blass und rosa schimmernd,
Waren deine Wangen eingerahmt von
Dunkelbraunen Wendellocken, die ein
Ohr verdeckten und dir
Auf die Schultern und den Rücken fielen.
Eine süße Frucht, die meine
Augen zum Verweilen
Anhielt.

Damals suchten wir im Vorstand
Personal und ich stand dir als erster
Vor.
So frisch und neu war die
Verlockung, dass ich glücklich war,
Als du nach deinem Vortrag sagtest,
Dass dich dein Verlobter vor dem
Haus mit seinem Wagen, gleich nach dem
Gespräch zurück nach
Hause bringen würde

Meine Fee

Das Schweben ihrer Arme,
Wenn sie nach mir langte,
War so flügelleicht, so langsam in
Bewegung, Spinnenfäden gleich,
Die mit dem Windhauch trieben,
Dass es bis zur Landung an mir dauerte.

Ich spürte kaum den
Druck auf meiner Schulter,
Als ich sagte:
„Du bist meine Fee, die körperlos an meiner
Seite lebt, und ich wünsch mir, was man von
Feen wünschen darf".

Sie horchte auf und fragte leise:
„Welchen Wunsch hast du an deine Fee?
Du kannst es einfach sagen".
Darauf flüsterte ich in ihr Ohr,
Doch sie erschrak:
„Du wünschst die Fee an sich
Allein für dich.
Das darfst du nicht!
Dann muss ich sterben.
Wenn ich diesen Wunsch erfüll,
Versagt mein Feensein für alle Zeit,
Das wünsch ich dir nicht und nicht
Mir.

Nimm mich doch bitte wie ich bin
Nur als den Wunsch, dir
Fee zu sein und deine Frau,
Sonst weiter nichts".

Rosen voller Eifersucht

Sie hatte rosa Malven auf dem
Tisch.
Dazwischen himmelblauen Korn.
Der wuchs im Weizenfeld,
Vielleicht fand man ihn auch am
Wegesrand davor.

Ihr Herz hing an der Form der
Blüten, nicht an deren Kelch,
Der jeden Blick in seine
Tiefe zog.

Nur für Sekunden, wenn es niemand
Sah, gab sie der einen und der andren
Blüte einen Kuss.
Sie hielt dabei die Fenster mit den
Händen abgedeckt, weil draußen ihre
Rosen voller Eifersucht es
Sehen könnten.
Denen hatte sie die einzig wahre,
Ewig lange Liebe
Zugesichert.

Ich hatte auch ein Spiel erdacht

Die braunen Lockenhaare
Hingen lang bis tief auf deinen
Rücken.
Manchmal trugst du sie zum
Zopf geflochten, dann ganz offen
Über Schultern, Hals und wieder in den
Rücken.

Als ich dich besuchte, hattest du ein
Spiel erdacht.
Die Haare lagen dir, in deiner
Rückenlage, auf der Brust und über deinen
Leib verteilt.
Ich dürfte dich erst dann berühren,
Wenn ich sie, Mikadostäbchen gleich,
Von dir zur Seite brächte,
Ohne, dass du meine Hände oder Finger
Auf dir, an dir spüren, sehen oder fühlen
Konntest.
So verging ein langer Abend,
Nichts geschah.
Dann kam die Dämmerung, die ließ dich
Ruhig schlafen.
Ich jedoch sah lange schon zuvor den
Bernsteinkamm an deiner Seite liegen,
Den rieb ich als Zauberstab an einem
Ledersofa, das stand neben mir und hob damit
Die Haare, magisch angezogen,
Bündelweise erst nach links und dann nach rechts
An deine Seite.
Zwei ließ ich, wie zum Beweis gleich einer
Miniaturverhüllung deiner Weiblichkeit, auf deinen
Brüsten liegen.
Dann erwachtest du und sagtest gleich:
„Du hast mich wirklich sanft entkleidet,
Das war gut.
Ich hab dir hinter meinen Augen zugeschaut.
Ich hab dich nicht gespürt,

Du hast mich nicht berührt, nicht mit den
Händen und nicht mit den Fingern,
Und ich hab sie nicht an mir und nicht auf mir gesehen."

Darauf sagte ich zu dir:
„Ich habe Zeit gehabt und nachgedacht
Und dabei etwas nicht ganz Neues neu erdacht,
Das nenn ich ‚Wolkenspiel und Regen‘,
Wo wir uns, wie seinerzeit im
Djin Ping Meh, ganz eng
Begegnen werden".

Die süßen Qualen unsrer Liebe

Wir hatten uns verliebt und
Liebten uns einander, und wir
Sprachen ohne Vorbehalt darüber,
Aber, ich war außer mir, als du die
Augen zu mir aufschlugst und mir
Lächelnd sagtest:
„Ja, ich liebe dich und einen anderen".

Du wolltest daraus kein Geheimnis machen,
Zeigtest Glücklichsein und wolltest deine
Lieben mit mir teilen.
Das verstand ich nicht und wollte dich und deine
Wurzeln aus mir reißen.
Das verstandst du gut und legtest mir
Trotzdem den Finger auf den Mund:
„Vielleicht empfindest du ja auch wie ich
Die süßen Qualen unsrer Liebe,
Die sind wunderbar.
Ich will sie immer nur mit dir,
Mit dir allein und sonst mit
Keinem teilen".

Ich sog süßen Honig deiner Blüten

Auf der andren Straßenseite
Stand ein Baum in Blüte.
Es war später Abend, und die
Junikäfer und die Fledermaus
Umflogen ihn.

Ich dachte an den Duft, den deine
Haare leicht verteilten, wenn ich dicht
Genug an ihnen war.

Im Traum, den ich mir wünschte,
Wurdest du zum Baum,
Und ich sog süßen Honig deiner Blüten ein.
Es war ganz leicht, auf einem
Zweig zu landen, aber du bliebst
Fern.
Du wusstest nicht, dass ich dich
Suchte.

Nach dem Picken eines Täubchens

Sie lehnte, nach dem
Picken eines Täubchens aus dem
Glas, die Hand als glatte
Feder auf den Tisch und dann, fast wie
Versehentlich, mir auf den Arm,
Flog dann ein Stückchen hügelan
Mir auf die Schulter,
Drehte leicht die rosa Mulde ihrer Hand
Als Trinkgefäß ganz dicht an meinen
Mund zum Trunk daraus und
Kuss darein.

Wie dich lohnen

„Halt, du willst mich lieben?
Gestern war die Zeit dafür
Doch heute nicht.
Du weißt warum?
Vielleicht auch nicht.

Und heute möchte ich, dass du mich
Liebst und einfach in die Arme nimmst
Und weiter nichts.
Du nimmst mich an,
Ich fühl mich wohl und denke auch
An dich.
Gefiele ich dir mehr,
Wenn ich dich dafür lohnen würde?
Ich vergaß, ganz aus Versehen
Und ganz unabsichtlich,
Wie dich lohnen und
Womit?"

Von einer Andersartigkeit

Du wolltest mich, nicht meine
Liebe.
Weil ich dich nicht ohne
Liebe lieben konnte,
Warst du ehrlich, und ich
Dankte dir.

Du hattest andere Gefühle,
Und im Aufwind deiner
Ehrlichkeit entdecktest du dich
Neu, und sprachst von einer Andersartigkeit
An dir, die würde mich viel
Mehr als alles was ich bisher an dir kannte,
Aber fremd berühren.

Lass nicht los

Wir gingen Hand in Hand am
Berghang, und ich sah, wie eine
Nebelwand von unten in die
Höhe kroch, sich plötzlich um uns legte,
Dass wir unsre Hände nicht mehr
Sehen konnten.
„Lass nicht los",
Rief ich dir zu und hatte Angst
Um uns.
Die kam ganz plötzlich und sie hatte
Nichts mit dir zu tun.
Ich ließ dich aber langsam los
Und machte einen Schritt
Zurück.

Der Nebel blieb und hüllte uns in
Eiseskälte, dass mein Herz gefror.

Du hattest ein Gespür dafür, und als es
Heller wurde, sah ich dich schon weit entfernt
Auf unsrem Weg ins Tal.
Es hatte keinen Sinn
Dir noch zu folgen, und ich winkte dir
Nicht nach, als du dich noch ein
Letztes Mal zurück
Und zu mir drehtest.

Es ist das Bett so weich

Als wir in den Bergen waren
Und am sommerlichen Nachmittag
Auf abgemähter Wiese lagen,
Eng an eng,
Zog ein Gewitter auf, das
Wasserwarmen Regen mit sich brachte.

Unsre Lagerstatt wurd mir zum ungemachten Bett,
Das uns jetzt scheinbar nicht mehr wollte,
Deshalb drängte ich dich aufzustehen:
„Lass uns gehen, schnell".
Du aber strecktest dich und recktest deine
Glieder unter mir:
„Es ist das Bett so weich für mich,
Und ich bin deine erste Frau,
Hast du gesagt und auch, dass du mich
Liebst."
„Das stimmt, ich liebe dich".
„Ich lieb dich auch.
Und dies Gewitter, dieser Regen, der mich
Warm in seinen Armen
Hält und nimmt wie du,
Ist mir ein Haus, in dem ich gerne
Und für alle Zeiten mit dir wohnen
Und für immer
Leben möchte".

Die Mulde deiner Hand

Ich schrieb ein kleines Buch.
Darin bekam der Kuss Bedeutung.
Nicht, dass man nun denkt,
Das Buch ist klein und daher
Schmilzt ein Kuss zum
Handkuss, den man heutzutage kaum
Zu geben wagt,
Obwohl ich leidenschaftlich gern die
Mulde deiner Hand mit Küssen
Fülle,
Nein, mein Kuss ist kleinster
Abstand zwischen deinen Lippen
Und den meinen,
Ist Versprechen und vielleicht
Erfüllung.

Ich war allein

Als ich heimkam, lagen auf dem
Tisch zwei Rosenblütenblätter,
Weißlich gelb der Ansatz
Und dann im Verlauf burgunderrot.
Ich schob sie zueinander und es
Wurden kleine Schiffchen, die in
Eintracht übers Meer des
Kirschbaumtisches segelten.

Ich war allein und wäre gern
Mit dir in einen Sturm geraten,
Nein, viel lieber an entferntem
Inselparadies gestrandet, so wie heute,
Als die fremde, junge Frau sich aus
Versehen an mich lehnte.
Ihre üppig langen, blonden Haare und ihr
Blassgesicht verschmolzen augenblicklich
Zu dem gelben Sand, dem leichte Wellen ihres Lächelns
Und die Freiheit ihres Kleides
Küste gaben.

Zwei Vasen

Lange musste ich in deiner
Wohnung auf dich warten.
Abendliche Stille wurde still.

Auf einem fein geflammten Tisch aus dunklem Holz
Gewahrte ich zwei
Schwesterlich und nahe beieinander
Abgestellte weiße, porzellangemachte Vasen.
Eine schlank, gefüllt mit Bauernrosen.
Der Geruch von aufgebrochner Erde und von
Erntedank, wie ich ihn gerne trank,
Ging von ihr aus, hing vorsichtig im Raum.
Die andere, vom Vasenboden rund und hüftenfraulich
Im Verlauf zum züchtig hochgeschnürten Vasenhals,

Ließ mich das üppig Ausgeschwungene,
Ganz ohne jede Blumenpracht
Und nur an sich, und nur von mir,
Bewundern.

Als du schließlich in dein Zimmer kamst
Und ich dich ansah,
Unsre Augen sich begegneten,
Entschiedst du über mich:
„Du bist nicht so wie sonst.
Dein Blick geht unter meine
Haut.
Was findest du an mir"?

Ich, dein Pflücker

Du saßt auf einer Schaukel,
Die hing meterlang im Park von einem
Baum herab, war viel zu lang für Kinder.
Schwung, den du dir gabst, entführte dich
Erst weit nach oben, dann im
Sturz zu mir herab, und mit der Neigung
Deines Körpers, deiner Beine wieder auf.
Du riefst im Schwingen:
„Pflück mich doch"!
Und zeigtest im
Vorbeiflug deine nackten Beine, und dein
Rock flog himmelan.
Auf deiner Schaukel konnte nichts geschehen.
Doch dann hieltst du an und glittst mir
Langsam in die Arme.
Deine leichten Schuhe hattest du
Längst abgestreift als wir uns, du die
Braunhaar langgelockte Frucht und ich,
Dein Pflücker, sich in einen
Korb aus Buschwerk unter schattendunkle
Wolkenbäume legten.

Mein Unbesitz

Du bist mein Unbesitz.
Das wollte ich nur sagen, nicht viel mehr
Und auch nicht weniger.
Du aber sagtest gleich:
„Nein, ich bin deine Frau".
Das konnte und das wollte ich von dir nicht
Hören und ich sagte:
„Du bist dir Besitz und dein.
Du bist nicht mein, nur du hast jedes
Recht auf dich".
Du aber gabst die Antwort:
„Wenn du mich nicht willst, so wie ich bin
Und wie ich dir gehören möchte,
Dann verzichte doch".

Der Schattenmann in meinem Rücken
Gab mir Zeichen:
„Lass sie sein, sie ist so wie sie ist".
Das fiel mir leicht.
Ich nahm dich in die Arme,
Willigte dann ein in dich
Und bin ganz insgeheim dein
Unbesitz.

Vor dem Schlaf im Schlaf

Ein letztes Mal ging ich zu dir.
Es war schon spät und du lagst in der Nacht
Und schliefst vielleicht.
Ich kannte mich gut aus an dir
Und legte meine Hand
Auf deine Brust, dann auf den Schoß.

Ich konnte mich nicht, ohne dich
Berührt zu haben, in die
Nacht begeben und entschuldigte mich
Leise mit den Worten, die ich fand,

Doch fand ich keine Worte
Und war still.

Du aber sagtest leise:
„Es ist schön für mich, noch vor dem
Schlaf im Schlaf von dir zu träumen.
Deine Hände sind mir Traum und
Inbegriff".

Hinterher

Wir standen in der
Eingangstür, die öffnete in beide
Richtungen und führte links und
Rechts davon in unsre Zimmer,
Die sie trennte, die uns aber auch ins
Freie führen konnten.
Jedes Zimmer war verschlossen
Und zugleich ein Teil von einer
Freiheit, die der andere nicht kannte,
Nicht erkennen konnte.
Unsre Blicke reichten nur von dir zu mir
Und umgekehrt, und würde einer zu dem
Andren gehen, wäre ihm der
Blick zurück für alle Zeit genommen.

Ich entschied mich schnell und
Ging zu dir, an dir vorbei und nahm den
Blick aus dir mit mir und baute für uns beide
Eine neue Eingangstür, die führte nur in eine
Richtung, nur in einen Raum,
Der wies die Freiheit, die sich dort verbarg
Stets als die eigne aus.

Du hast es gern, wenn ich dir
Hinterher Geschichten, so wie diese hier,
Erzähle.

Augenblick der Zauberei

In einer Nacht, sie war allein, ihr
Mann würd später kommen, saß sie vor der
Fast ein wenig mädchenhaft erblühten,
Purpurschwarzen Rose, die stand in der Vase
Auf dem Tisch bei dämmerigem Licht.
Die sprach sie an und nahm,
Vorbei an eigentümlichen Gebilden,
Einen tiefen Seufzer mit in ihren
Kelch.
Dort traf er auf die Dunkelheit wie ein
Versprechen.

Ja, sie wünschte sich ein Kind,
Und immer noch war sie von ihm
Nicht schwanger.
Das bedrückte sie.
Sie hatte aber keine Angst und war voll
Zuversicht.

Als er nach Hause kam und müde war,
Verstand sie ihn sehr gut und legte sich
Trotzdem ganz vorsichtig, so eng es ging,
An seine Seite.
Ihren Wunsch nahm er wie seinen,
Glaubte auch daran,
Und schlief ihr wieder bei.
Sie blieb jedoch hellwach, und
Schlaf ließ sie
Allein.

Sie stieg noch einmal aus dem Bett
Und ging zurück zu ihrer Rose.
Die verströmte plötzlich einen
Duft, den sie zuvor nicht wahrgenommen hatte,
Schmeckte ihn als Leiblichkeit,
Schloss ihre Augen und genoss den
Augenblick der Zauberei,
Ging dann mit jener Sicherheit, die

Ahnungslose plötzlich überkommt,
Dass das Versprechen sich erfüllen würde,
In ihr Bett zurück
Und tastete mit ihrer Hand nach seinem
Arm wie um ihm
Dank zu sagen.

Baum der Träume

Wir gingen in der Nacht in unsre Gärten,
Um das ferne gelb-weiß-rote Schmiedefeuer
Eines Wetterleuchtens über regenschweren
Wolkenwänden, angelehnt an Bergmassive,
Zu erleben.
Beide waren wir bei ganz verschiedenen
Gelegenheiten aufgeschreckt und langsam,
Vorsichtig in unsre Nacht gegangen,
Falls dort jemand tief in unsrem Rücken
Auf uns warten würde, denn den hättest du
Die Suche nach Umarmung, Schutz und Zuversicht
Und ich die Sehnsucht nach Berührung
Wissen lassen.

Ich verlangte sehr nach dir.
Wir konnten uns jedoch nicht kennen,
Wussten voneinander nichts
Und lehnten jeder an dem
Baum der Träume.

Zeit genug

Sie sagte:
„Ich weiß nicht, wie schnell du bist.
Ich kann mich aber eine Zeitlang,
Zwischen engen Mauern in der
Schwebe halten, dann versag ich allerdings".

Sie tat mir leid.
Sie kannte nicht die kleine Stütze einer
Halterung für ganz besondere Benutzung,
Die war in dem Fahrkorb der nach oben oder
Unten fuhr.
Wir eilten hin, wir waren ganz allein.

Ich schaltete die Haltesteuerung mit einem
Unischlüssel ab, und wir gelangten ohne
Unterbrechung in die oberste Etage.
Dort ließ ich mir Zeit mit dem
Entriegeln.

Draußen wartete ein junges Paar, das stieg
Danach mit ein.
Er zischte der Begleiterin empört ins Ohr:
„Es riecht hier irgendwie nach
Sperma".
Sie dagegen:
„Ach, das bildest du dir ein"
Und schmiegte sich,
Als wären wir ihr nicht Beweis genug,
So eng und fest es ging
An ihn.

Eine süße Vorsicht

Ich kann es gut verstehn, dass jede
Frau die Schönste ist, und dass man es
Ihr sagen muss, obwohl doch viele
Frauen schöner sind als sie.

Sie weiß das und sie weiß, dass ich es weiß
Und dass mir ihre Weiblichkeit weit höher steht als
Jedes Königreich.
Sie hört es deshalb gerne:
„Du bist schön. Für mich bist du die
Allerschönste".
Das ist die Sekunde, die sie eigenartig
Lächeln lässt, die ihren Augen
Glanz verleiht.
Sie glaubt nun, dass es eine
Wahrheit ist, die sie auch anderen
Erzählen möchte, aber
Eine süße Vorsicht hält sie davon ab.
Es könnte sein….
Genug, das will sie gar nicht hören,
Und es soll kein anderer, doch,
Wenn es sein muss, jede andere
Davon erfahren.

Du in deiner Welt

Du sprachst mich an, dass ich erschrak,
Nicht wegen jener Plötzlichkeit,
Die kannte ich von jeder schnellen
Liebesenge zwischen dir und mir,
Nein, ich erschrak, weil wir in voneinander
Planetarisch weit entfernten
Räumen lebten,
Du in deiner Welt und ich in
Meiner,
Und du heute völlig anders warst.

Du kamst zurück von einem Tempel
Fremder Religiosität, den du aus Zufall,
In gewisser Neugier, nur besuchen wolltest,
Und du weintest bitterlich.

Ich konnte dich zuerst nicht trösten.
Dann erzähltest du, dass drinnen eine
Handvoll Menschen säße, die in tiefem
Glauben beteten und sagtest:
„Ich hab dabei nichts empfunden und empfinde
Nichts.
Ich habe keinen Glauben, keine Zuversicht
Wie die.
Warum?
Was mach ich falsch"?

Ich gab dir zu:
„Ich habe keinen Rat.
Gleich neben deinem Tempel gibt es aber eine
Ikebana-Schule.
Dort sind Lehrer, die aus Blumen
Wesen machen, sie zum Leben wecken,
Und aus Menschen Blumen, die die
Liebe lieben lernen.
Wenn du das erkennen kannst und selbst
Ein Blumenwerk geworden bist,
Wirst du bestimmt auch jene

Vase eines Glaubens finden, die uns
Unsre Liebe
Unsre Liebe werden lässt".

Wabenbau und Honigernte

Die Geschenke deines Mundes waren
Aufbruch und Versprechen in die
Wabenlandschaft, deren flügeliges
Volk sich märchenhaft zum Schutz der
Königin ganz ohne Angriffslust
Zusammenschloss.
Dein Mund war ihr Zuhause.

Ich flog ein und aus wie sie, und jede
Landung auf den beiden rosa Dünen
Brachte mir den süßesten Geschmack.

Dein flügeliges Volk, das dir ergeben war,
Verführte ich mit einer neuen Königin und
Lockte es in sommerliche Landschaft,
Weit, weit außerhalb.

Bei dir verstand ich mich von
Anfang an auf
Wabenbau und Honigernte,
Du gabst mir dafür, als die
Erfüllung des Versprechens,
Aus den Kammern, vollgefüllt mit
Dauernder Enthaltsamkeit und dem
Verzicht,
Was dir mit mir nun aufzuholen war.

Im Überschwang bisst du mich in die
Unterlippe, in die Hand und in den Rücken,
Das war mir Liebkosung, dafür dankte ich
Mit einem Liebesbiss an gänzlich andrer Stelle.

Liebesinsel

Sie lebte im Verzicht und wollte
Rechtsanwältin werden.
Geld war reichlich da und auch Gelegenheit.
Für sie war jeder Mann ein Schwert, das sie in
Teile hätte trennen wollen.
Trotzdem sehnte sie sich sehr nach Liebe, aber
Die und Studium vermochte sie nicht
Miteinander zu verbinden.

Kurz vor ihrer Prüfung saß sie
Kopflos auf dem Sofa in der Wohnung ihrer
Eltern, die ihr alles überließen,
Auch die prominenten Gäste, deren
Dasein sie beflügeln sollte.

Bis auf einen Mann in ihrem Alter
Waren schließlich alle fort.
Sie sprachen schüchtern miteinander,
Und er gab ihr das Gefühl und die
Befriedigung, als er sie wie zum
Abschied in die Arme nahm, dass sie als
Frau begehrenswert und ihm das
Wichtigste auf Erden sei.
Er liebte sie nicht nur mit wenig
Worten sondern auch mit heftigem
Verlangen.
Beides konnten sie auf ihrem Sofa
Miteinander leicht verbinden.
Alles, was sie jemals wollte,
Wusste und sich vorgenommen hatte, war dahin,
Und jede Prüfung war ihr Zeitverschwendung.

Beide wollten fort, so schnell es ging,
Und flohen vor der Prominenz, vor der
Gesellschaft und vor dem Vermögen ihrer Eltern
Auf die Liebesinsel,
Wo sie lebenslang den früheren
Verzicht belächelten und noch im

Hohen Alter Liebe
Miteinander hatten.

Gerne hätten sie sich jemand
Mitgeteilt, von sich erzählt,
Doch das verbot sich.
Keiner durfte mit dem eignen Liebesglück
Vor andren
Prahlen.

Viel Blumenwerk und rosa Seide

Sie versprach mir einen Gabentisch
Nach hitzelangem Sommertag.
Sie nannte keinen Grund dafür und ließ mich
Warten.
Als ein Glöckchen schellte, ging ich in ihr
Zimmer, das im Sonnenuntergang und
Strahlenwarm beleuchtet war.
Sie lag dort rücklings auf dem
Tisch, war gänzlich unbekleidet, nur
Drapiert mit drei der kleinsten,
Artigsten Verhüllungen, die jeder schnelle
Atem hätte in die Lüfte heben können.
Um sie her, fast wie zum Wärmen nah,
Viel Blumenwerk und rosa Seide.

Mein Gesicht war über ihr und sie sah mir die
Freude an:
„Es liegt nun alles auf dem Tisch der
Gaben".

Im Torkelflug des Schmetterlings

Bevor ich zu dir komme,
Schließt du deine Augen und
Verfolgst dahinter, was an dir geschieht.
Du kennst ja jeden
Schritt und alle Wege, die ich gehe,
Gibst mir trotzdem dich als
Märchenlandschaft und lässt mich sie immer wieder
Neu an dir erleben.

Dich bedeckt der Hauch von einem
Dünnen, transparenten, gelblichweißen Tuch,
Das zieh ich langsam an die Seite.

Mit den Fingern und den Lippen reise ich dann über
Weiches, warmes Sonnenland, den Haaransatz,
Den Hals, die leichten
Hügel deiner Schultern,
Fahre, einem Segelschiffchen gleich,
An dir hinab zu den Lagunen,
Darin zu den Zwillingen der köstlichsten
Erhebungen, mit ihren rosabraunen Schätzen,
Liebesinseln zum Entdecken.
Als mein Mund im Torkelflug des
Schmetterlings auf beiden für
Den Bruchteil der Berührung
Ruhen möchte, scheinen sie sich sanft,
Mimosenhaft als falscher Sonnentau, vor mir zu
Schließen.

Du verschluckst den Seufzer und sprichst meinen
Kosenamen,
Dann noch einmal, und dazwischen:
„Ja" und „Ja".

Die kleine Mannschaft meines
Segelschiffchens sucht schon zwischen
Palmen, die ins Wasser ragen, nach dem
Landeplatz.

Du atmest viel zu heftig.
Starke Wellen heben, senken dich, dass ich,
Beinah die Steuerung verlierend, mich im
Riff verloren sehe, hätten deine
Hände mich nicht schnell gefunden,
Festgehalten und
Gerettet.

Dann siehst du mir ins Gesicht,
Doch ich schließ meine
Augen.

Mir knöpfte sie die Bluse auf

Mir knöpfte sie die Bluse auf,
Dass ich erschrak vor Glück.
Sie aber kühlte sich mit rotem
Wein, den sie darauf vergoss
Und sagte gurrend, dass es doch
Verschwendung sei,
Nur wegen dieses kleinen Unfalls,
Ihn nicht abzutrinken.

Voller Lebensfreude

Wir lernten uns gerade kennen.
Du erzähltest, dass man dir vor
Ein paar Tagen einen Hirntumor im Krankenhaus
Entfernt, herausgenommen hätte, und
Es hörte sich für mich fast
Unverkrampft und doch so plötzlich an.
Es war mir fremd.

Als du erzähltest, sah ich dich von hinten
Auf dem Stuhl.
Mit deinen Armen stütztest du dir links den Kopf
Auf einer Lehne,
Rechts dich auf dem Holztisch ab.
Die langen, blonden Haare breiteten sich
Als ein Tuch vom Kopf in heller Blendung
Über Nacken, Rücken und
Fast bis zur Taille aus.

Du drehtest dich mit Absicht nicht zu mir,
Das sollte vielleicht Abstand zeigen oder deine
Krankheit spüren lassen.
Ich litt mit, weil mir die weitere Behandlung,
Deine Therapie, vor Augen stand.
Die Haare würden später sicher wieder
Wachsen,
Aber warum suchtest du in dieser Zeit
Kontakt zu mir, zu einem neuen Mann?
Ich fragte dich, und du gestandst:
„Die Sehnsucht, das Gefühl, von einem
Mann gehalten, aufgefangen und umarmt zu werden,
Nicht durch ihn hindurchzulaufen,
Ist so stark, das kannst du sicher kaum
Verstehen.
Deshalb traue ich mich nicht, mich nach dir
Umzudrehen".

In der kurzen Zeit der Unterhaltung
Zeichnete ich mit der schwarzen

Tinte eines Schreibers, der zusammen mit
Papier auf einem Tischchen lag, das
Bild der Frau als Rückenakt.
Der rechte Arm ließ dabei einen Lichtblitz frei,
Beleuchtete den Abstand zwischen
Oberarm und Brust,
So dass man nicht entscheiden konnte, ob sie als
Modell gesessen hatte oder angekleidet
Zufallsbildnis war.
Ich schämte mich sofort dafür.

Sie stand nun auf und kam, vielleicht
Weil ich so schweigsam war, zu mir und sah sogleich
Die Zeichnung, die ich wie versteckt
Nach hinten hielt, die nahm sie mir noch wortlos ab,
Umarmte mich dann aber voller Lebensfreude:
„Danke, danke!
So etwas hat mir noch nie jemand geschenkt"
Und rollte vorsichtig das Blatt zusammen, hatte gleich ein
Rosa Band zu Hand, womit sie es umschlang:
„Das ist mir mehr wert, als du jemals ahnen kannst"
Und sagte dann:
„Wir sollten uns nicht wieder sehen"
Und verließ den Raum.

Das Sprungbrett ihrer Zunge

Ihre Zunge wurde mir zum
Sprungbrett hingehauchter
Liebeslaute, als wir unser erstes
Treffen hatten.

Wir erkannten uns sofort, auch das was wir
Zuerst an uns erkannt zu haben glaubten.

Sie bewegte ihre Hände als die
Tänzerinnen auf der Bühne, das hielt
Mich zurück, weil ich das
Stück verfolgen wollte,
Sie erreichten fast wie ungewollt, die
Spitzen meiner Haare, bissen sich
Dann fest darin,
Dass ich vor süßem Aufbegehren
Mich von ihnen lenken ließ.

Das Stück war lange nicht zu Ende,
Mir wuchs Mut, und ich berührte leicht die
Knöpfe ihrer weiten, weißen Bluse,
Glitt dann köstlich ab von ihnen, auf den
Stoff, und stürzte weiter in den Spalt dazwischen,
Tiefer noch, dass meine Hand weit unter
Allen Stoffen Grund berührte.

Sie schob ihre Hände fest nach hinten,
Stützte sich dort ab und flüsterte
So laut es ging, dass es als
Sommerbrise, die sich in den Birken fing,
Die Ohren nur noch ahnen ließ:
„Du wirst es doch nicht wagen"?
Und sie sank mit einem Seufzen, das sich
Wohlig in ein Schluchzen flüchtete,
Zurück auf weiche Kissen.

Ihre Vorhangstoffe waren
Atemleicht, sie hoben und sie senkten sich,

Als ich darunter lag.
Sie dufteten nach Fraulichkeit und
Fraßen meine Sehnsucht auf nach ihrer
Weiblichkeit,
Ich schob sie ungelenk zur Seite,
Traf dann auf die Bühnenbilder und die
Wahre Tänzerin.

Wir tanzten eine lange Nacht,
Und sie gestand:
„Denk morgen noch an heute,
Ich hab dich verführt".

Davor war ich sehr stolz auf mich gewesen,
Denn im Wiegeschritt des Tangos hatte ich mich
Weit, weit über sie gebeugt,
Sie fest im Arm gehalten,
Doch es herrschte hier die Frau.

Das Sprungbrett ihrer Zunge
Hielt mir keine Süßigkeiten mehr
Bereit.

Es geht mir wirklich gut

Du fragtest mich, und ich gestand:
„Es geht mir gar nicht gut".
Ich wusste selber nicht, warum,
Und ging in Flucht vor mir und meinen
Leiden aus dem Haus.
Du warst sehr lieb und
Fragtest weiter nicht.

Dann, als ich wieder kam, der
Tag war fast vorbei, verstand ich,
Dass ich dich in Sorge in dem
Haus gelassen hatte, und den
Weg, dir alles zu erklären, auch das
Unerklärliche, nicht fand.
Mit einem weißen Handtuch
Hielt ich mir in meinem Zimmer meine
Augen zu.
Es war, als würde ich dich vor dem
Spiegel, den ich mit dir teilen müsste,
Blutig lieben,
Und ich schämte mich dafür.

Es war sehr dunkel um mich her,
Dann hörte ich dich kommen bis zu mir.
Du nahmst mir langsam meine
Maske ab und standst im Dämmerlicht.
Du hattest deinen Leib entblößt,
Schobst meinen Kopf im federleichten Druck
Der rechten Hand von hinten nah an dich
Und hobst mit deiner linken, ohne
Worte deine Brust an mein Gesicht.
Du hieltst die beiden Botinnen,
Nun mir, Gespielinnen,
An mich gedrückt und blättertest sie auf
Bis ich in Trost und Raserei
Die Sättigung aus ihnen stahl und sie mir fast
Zu eigen machte.
Mit den Händen schienst du ihnen

Eignes Leben zu entfachen,
Ihre braunen Liebesdolden schoben sich
Geschwisterlich und nacheinander
Auf die Lippen, in den Mund und zogen sich
Zurück, dass ich dir folgen musste.

Später fragtest du mich noch einmal,
Und ich gestand:
„Es geht mir wirklich gut".

Rosenblüten kamen dir so nah

Du drücktest deinen zarten Frauenrücken,
Den nur leicht ein Hemdchen schützte,
In den Rosenstrauch.
Der nahm dich in die Arme, und ich
Fühlte deinen Schmerz.
Dein Lächeln zeigte auch ein wenig
Zweifel.
Rosenblüten kamen dir so nah,
Als wärest du ihr Stamm,
Und deine braunen, langen Locken
Legtest du vorsichtig unter sie.
Sie wuchsen dir aus
Kopf und Stirn.
Du standst im
Blütenrausch als du mir sagtest:
„Ja, ich liebe Liebe, die mich
Schmerzt und die mich
Fest in ihren Armen hält".

Liebesvogel

Ich kam in deine Nähe.
Du, mit deiner Brust gelehnt an
Einen Zaun aus engen Eisenstäben,
Hattest mich mit einem Seitenblick
Belauscht, du wartetest vielleicht auf
Worte, die ich an dich richten sollte.
So sprach ich dich an als Frau,
Die mir der Zufall in den Weg gestellt,
Auf den ich jahrelang gewartet hatte:
„Tut mir leid, du wartest hier umsonst.
Denn der, auf den du wartest, wird nicht kommen,
Weil es ihn nicht gibt,
Du wartest doch"?

Du drehtest deinen Kopf zu mir
Und zogst den Oberkörper dichter an die
Stäbe, nur die Winkel deines Mundes,
Leicht geöffnet, schienen über mich zu staunen
Und mich zu belächeln:
„Das kannst du doch gar nicht wissen,
Aber du hast recht. Ich warte ohne
Grund und halte meine
Hände an die Eisenstäbe dieses
Zaunes und mich daran fest,
Es sollte anders sein".

Ich kam nah an dein linkes Ohr:
„Es wird dich schmerzen".
Du:
„Warum sagst du so Eigenartiges",
Und ich gestand:
„Ich sah den Liebesvogel wie in einem
Nest in deinem Mund verschwinden,
Und das hat mir Mut gemacht.
Ich wäre gern mit dir in jener Landschaft,
Die dem Fluggewohnten Heimat ist und
Nahrung gibt".
Du sagtest mir:

„Es fällt mir leicht, dir alles das zu zeigen".
Ich war sicher, dass du ehrlich warst.

Wir gingen Hand in Hand in eine späte Laube.
Dort gebarst du nacheinander mir in meinen
Mund die beiden Köstlichkeiten,
Rundungen mit weichen Blätterzungen mir zur
Sättigung,
Und deine Gitterstäbe blichen schnell an dir,
Sie waren kampfunlustig und verschmolzen.
Deine Worte perlten sinnenweich auf
Samt und bildeten ein Rinnsal zwischen ihnen.

Später spielten wir noch mit dem Liebesvogel.
Schon bei leisester Berührung änderten sich seine
Knospe und die Farbe.

Im Mittagslicht

Deine Wohnung lag der meinen gegenüber,
Auf der andren Häuserseite.
Unsre Fensterflügel hätten sich im
Kuss berühren können.
Dafür liebte ich dich
Umso mehr.

Im Mittagslicht sah ich jedoch wie du
Dort drüben dich entkleidetest und einem
Fremden Mann in seine Arme sankst.
Du grüßtest noch mit deinen
Augenwinkeln, dass mir leere Blässe in die
Glieder schoss.
Danach verdeckte euch ein Säulengang.
Du sagtest später:
„Das bedeutet nichts, das war ein alter
Freund von früher, der hat sich an mich
Erinnert".

Tradition

Du kamst zurück aus flammenheißem, eiseskaltem
Wüstenland und suchtest hier nach
Feinstem Sand, der Flüssigkeiten gleich
Durch kleinste Fingerritzen rinnt, weil du dich
In Gewohnheit damit waschen wolltest.
Wasser war dir dafür fremd geworden
Und auch viel zu kostbar.

Ähnlich ging es mir mit dir.
Ich roch den klaren, blassen Duft der Weiblichkeit.
Weil ich dich gleich nach deiner Ankunft,
Spät am Abend lieben wollte, sagtest du,
Du wärest mein, so lange und so
Oft ich wollte.
Doch ich hätte deine Schönheit nie
Berührt, die hielt ich noch für
Übermenschlich scheu und völlig frei,
Als du dich, nur mit deiner Haut bekleidet
Auf das Lager legtest, dir das
Rohe Holz des Bettes Rahmen
Und das weiche, bunte Leinentuch darunter
Landschaft wurde.
Nein, ich hätte dich nur zeichnen können, um dich
Festzuhalten.

Da erhobst du dich ein wenig,
Stütztest dich, in völliger Verwandlung deiner
Körpersprache in Begehrlichkeit, die mich
Sofort erreichte, mit den Armen seitlich auf
Und sprachst von Tradition in jenem
Fremden Land:
„Nein, mach kein Bild von mir, das müsste mich
Beleidigen und würde mir das Frausein
In dem Spiegel, der mich nennt, zerstören.
Schalte lieber alle Lampen aus, und leg dich her zu mir.
Auf meiner Haut will ich dir nichts von dem,
Was deine Hand, vielleicht dein Herz,
In Dunkelheit von mir begehren und erfahren will,

Verwehren,
Und du möchtest dir nachher, wie ich,
Nur noch mit rotem Wüstenstaub
Den Körper pflegen, dass von dem
Erlebten nichts verloren geht".

Suche nach verlorner Zeit

Ich war bei Proust mit den Gedanken,
Dachte wie unendlich filigran er die
Zerbrechlichkeit des Äußeren, der
Angeborenen und anerzogenen Ästhetik,
Seines Sinns von Schönheit,
Seinen Wunsch nach höchstem Anspruch
Auf die Männer und die Frauen, die ihm
Nahe waren, übertrug.
Die Schlichtesten und Einfachsten
Der Frauen gaben sich ihm hin,
Die Edelsten jedoch verwarfen ihn.
Er dachte, das läg an dem
Stand, in dem er sich befand.

Beschreibungen der Zeiten seines Krankenlagers
Oder stundenlanger Blicke auf das Meer mit
Farbabstufungen des Wassers, Himmels
Und der Landschaft, ja der Räume
Die ihn tags und nachts behüteten,
Verrieten immer wieder seine
Ausgedehnte Suche nach verlorner Zeit,
Die er in jedem und in jeder Schönen,
Deren Armen und Bewegungen,
Dem eignen Aufschrei des Begehrens
Und auf jedem noch so fein geschmückten
Frauenhals, auf nackter Frauenhand
Und über alle Maßen feinbesticktem Überhang
Zu finden und dann
Festzuhalten hoffte.

Die beiden Fackeln in Dessous

Wir gingen langsam auf das
Auto zu.
Mit meinem kleinen linken Finger
Hatte ich den Daumen ihrer
Rechten Hand berührt.
Ich hätte lieber meine ganze
Hand in ihre eingetaucht,
Darein gefaltet.

Ich war größer, und von oben sah ich
Auf die beiden Fackeln in Dessous,
Umrahmt mit kleinen Spitzen.
Meine Finger hätte ich mir gern daran
Verbrannt

Naturgetränke aller Art

Du möchtest, dass ich ein Gedicht voll
Freundlichkeit und Harmonie und Liebe
Und Verständnis schreibe, denn
Wir beide sind schon sehr betagt,
Und viel, viel Schlimmes blieb uns
Vorerst noch erspart.

In einem Garten, den wir niemals
Kennenlernen werden, gibt es wirklich
Rotweinbrunnen und Naturgetränke aller Art,
Die Luft ist lau und warm und unweit,
Dass man dahin sehen kann und gehen
Spült sich eine flache Welle nach der anderen
An gelben Strand.
Dort werden wir erwartet und man steht
Ein wenig mit den Füßen in dem Wasser.
Es sind Tische aufgebaut, mit
Üppig, farbenreichem Obst und
Meeresfrüchten, die ich so gern esse,
Und mit Blumen, deren Namen ich nicht weiß.

Man hat uns eine Künstlerin bestellt,
Die singt ein Lied, das uns zum
Träumen bringt und die
Erinnerung an längst
Vergangne, wunderbare Zeit.
Wir waren damals jung und unsre
Liebe, das Verlangen und das Sehnen nacheinander,
Das Begehren und das Wiederfinden,
Unser größtes Abenteuer, unser ganz geheimer
Schatz.

Wir trugen jeder als Geschenk vom anderen
Ein goldnes Kettchen, daran hing ein goldner
Fingernagelgroßer Schlüssel, um den Hals.
Das ist uns heute so viel
Wert.

Liebestestament

„Ich schäm mich nicht, es dir zu sagen.
Auf der Suche nach der köstlichsten, vielleicht
Versteckten Weiblichkeit an dir und dem
Was mir das Finden wert war, wurde ich schnell
Reich:
Du hindertest mich nicht, als ich dir die zwei
Zauberhügel und die beiden purpurbraunen
Burgen mit der Hand, dem Mund
Berührte, mit den Wimpern streichelte,
Und sich die amazonengleichen Wächterinnen
Ohne jeden Widerstand ergaben.
Du beschertest mir ein Liebesglück,
Das möchte ich in meinem Leben
Nie und nimmer missen.

Meine Angst jedoch,
Dass deine Amazonen schnell erwachen,
Um die Herrin zu beschützen,
Und mich nicht mehr zu dir lassen
Ist sehr groß, und ich gesteh dir ein,
Es ist mein schönster Wunsch,
Mir jeden Atemzug mit ihnen zu versüßen.
Ach, vergiss das bitte nicht".

Du bist gerührt und sagst:
„Wer weiß denn, ob es dazu kommt.
Vielleicht bist du es, der mir einen
Liebesdienst erweisen muss".
Ich bin erstaunt, weil ich das nicht
Bedachte:
„Wenn ich wüsste, welcher Dienst der Liebe
Dir bisher noch nicht von mir erwiesen wurde,
Um ihn später und vielleicht zu falscher
Zeit dir zu erweisen, hole ich ihn sofort nach.
Lass mich nur wissen,
Was es ist".

Du aber sagst mit abgesenktem Blick:
„Ich wünsche mir von dir, wie du soeben,
Einen Kuss auf jeden
Zauberhügel und die Amazonen,
Doch ich dachte noch bis jetzt,
Das wäre ich dir gar nicht wert.
Verzeih mir bitte meine Lust auf Eigenglück
Und dieses Liebestestament".

Weitere Veröffentlichungen von Harald Birgfeld im Verlag:
Books on Demand GmbH, 22848 Norderstedt

Lyrik:

..and I said to myself, what a wonderful world,
36 Gedichte mit fantastischen Inhalten, 44 S.

Auf deiner Reise zum Rande im Rande des Randes der Sonne
187 Gedichte: Im Innern der Sprache werden Kräfte freigesetzt. 184 S.

Die Insassinnen, *Epos, Lyrik, Außenlager KZ-Sasel, 136 S.*

Feuer, das zur Speise wird, *114 Gedichte aus meiner digitalen Welt, 68 S.*

Für dich..., *43 Liebesgedichte und 15 Augen-Blicke, 32 S.*

Gedichte, veröffentlicht in ausgewählten Anthologien, und

Namenlos von meiner Insel, 42 Briefe, Lyrik, 108 Seiten,

Honigweißer Duft, *14 fantastische Gedichte,*
32 S. dabei 14 farbige Seiten.

Mund aus Glas am Rand aus Fleisch, *114 Gedichte,*
Schwarze Liebeslyrik, 120 S.

Sofortige Lähmung, *112 Gedichte aus dem Innersten, 72 S.*

Unter einem Mikroskop, *36 Gedichte für eine parallele Welt, 28 S.*

Von Haut zu Haut, *132 Gedichte: Was macht meine Liebe an dir und an*
mir mit mir und mit dir? Liebeslyrik. 48 S.

Wir gerieten in den Gürtel der Meteoriten, *10.000 Aufschläge,*
Band 14: Aufschläge 6502 – 6999, ca. 500 Strophen aus einem
Zyklus von 10.000 Strophen. Lyrik. 224 Seiten

Wo die schwarzen Blätter wachsen, *129 erotische Gedichte? 76 S.*

Prosa:

Die Tätowierungen der jungen Tanja W. : *„Die Tätowierungen der*
jungen Tanja W." handelt von der Selbstsuche und Selbstfindung
einer jungen Frau, 132 S. Format A5

Fünf Veröffentlichungen/Five Publications (deutsch/englisch),
32 S. Format A5 (1 Band)
Theorie und Utopie der eigenen Zeit,
Theorie und Utopie der anderen Zeit.
Die Zeit der Gleichungen ist vorbei
Societ lyrics, was ist das?
Folienbilder-Entstehung

Kleine Fibel Arbeitsschutz *(für die praktische Arbeit) an:*
„Hochschulen", „Kindergärten", „Schulen" (3 Bände)